AF231121

BON SENS

BON SENS

SITUATION. — LES SOCIALISTES. — LES
MONTAGNARDS. — LA TERREUR. —
CONSEILS AUX MODÉRÉS

PAR LÉOPOLD DE GAILLARD

AVOCAT.

« La paix sociale est impossible tant que les classes
« diverses, les grands partis politiques que ren-
« ferme notre société, nourrissent l'espoir de
« s'annuler mutuellement et de posséder seuls
« l'empire. » (*De la démocratie en France*, par
M. Guizot.)

AVIGNON

CHEZ FR. SEGUIN AÎNÉ, IMPRIMEUR-LIBRAIRE
rue Bouquerie, 13.
1849

BON SENS.

SITUATION. — LES SOCIALISTES. — LES MONTAGNARDS. — LA TERREUR. — CONSEILS AUX MODÉRÉS.

I

S'il est une vérité triste à reconnaître, mais difficile à contester, c'est qu'en France, l'éducation politique des masses est confiée à de détestables professeurs. Nous ne voulons pas parler, après Royer-Collard , de cette grande école d'immoralité ouverte depuis un demi-siècle par les événements, ni des croyances religieuses étouffées par l'enseignement de l'état, ni du pouvoir devenu l'enjeu discrédité des luttes de tribune et de barricades ; nous voulons parler des journaux, ces directeurs de la conscience nationale, ces véritables ministres de l'instruction publique. Certes, il nous conviendrait, à nous, moins qu'à d'autres, de leur faire trop sévèrement leur procès; la loi d'août, si lestement et si libéralement votée, suffit d'ailleurs à ce soin et au delà. Mais n'est-il pas vrai que, depuis le 13 juin, la presse semble vouloir déserter sa noble mission d'ordre et de moralité, pour se faire le porte-voix des espérances et des passions de parti ? N'est-il pas vrai que l'on parle au peuple le langage de ses illusions, oubliant à dessein le langage du bon sens et de ses intérêts ? N'est-il pas évident que, grâce à d'imprudentes excitations, le parti de l'ordre va se diviser, et que trois bannières dynastiques vont se lever en face du drapeau rouge, qui flotte toujours sur la Montagne? Ouvrez la plupart des journaux: ce ne sont que récriminations, personnalités, feintes appréhensions, puérile audace, colères sourdes entre modérés, anathèmes implacables entre partisans de la conciliation, dénigrement systématique de tout ce qui est, exaltation irritante du passé, torrent d'huile jeté dans le brasier révolutionnaire !

Où peut aboutir une pareille polémique? Où veut-on nous mener? Allons-nous recommencer les vieilles querelles, en revenir à la politique des coteries sans principes, mais non sans rancunes? Hélas! n'avons-nous pas assez de nos dissensions nouvelles? Ne sentons-nous pas au dedans de nous que nous sommes las de haïr et de maudire, que le temps est venu de chercher une issue vers une politique plus large, plus sympathique, plus tolérante, plus sérieusement populaire?

D'ailleurs, avant de s'engager dans une direction, on doit savoir où l'on va ; avant de se mettre en route, on veut y voir clair devant soi, à moins qu'on ne se plaise à marcher à reculons. Or, nous le demandons à tout homme de bon sens qui se sent capable de bonne foi, où nous conduit-on, où peut-on nous conduire par cette voie étroite et rapide qui descend dans les abîmes du passé ?

Quand on aura fait et refait le long catalogue des erreurs et des fautes de tous les gouvernements qui ont précédé celui de février ;

Quand on aura bien prouvé que le gouvernement provisoire n'a su qu'entasser les bévues sur les monstruosités, et prouvé en même temps que la majorité des électeurs a fait preuve de couardise, en déclarant par ses représentants que ce gouvernement provisoire a bien mérité de la patrie ;

Quand on aura remonté des barricades de février 1848 aux barricades de juillet 1830; des barricades de juillet 1830 au mouvement rénovateur de 89; du mouvement de 89 à l'opposition des parlements qui en donna le signal; de l'opposition des parlements à l'absolutisme royal qui grandit leur puissance, en supprimant les états généraux; de l'absolutisme royal à la réforme protestante, qui l'avait rendu nécessaire en menaçant la nationalité.... et ainsi de suite jusqu'au premier péché du premier homme;

Quand les partis se seront ainsi rejeté des uns aux autres l'entière responsabilité de nos malheurs, au lieu d'en accepter immédiatement la juste part que l'histoire impartiale fera peser sur chacun d'eux;

Quand on aura écrasé sous leur passé révolutionnaire, MM. Thiers, Molé, Broglie, Dufaure, Malleville, Lamartine, Montalembert, Cavaignac, et tous les hommes de quelque valeur qui ont touché aux affaires du pays; quand on aura bien établi que M. Odilon Barrot fait aujourd'hui le contraire de ce qu'il a dit autrefois, et qu'il pourrait répéter avec Chimène :

« La moitié de ma vie a mis l'autre au tombeau! »

Quand les *rouges* auront bien crié aux *blancs :* « Vous êtes des aristocrates, des retardataires, des jésuites, des ennemis du peuple, et vous ne demandez, comme en 1815 , qu'à vous baigner dans le sang des patriotes ; »

Quand les *blancs* auront justement répondu aux *rouges :* « Vous êtes des vampires, des charlatans, des dilapidateurs, et vous rêvez tout haut les horribles jours d'un nouveau 93 ; »

Quand on aura ainsi réveillé toutes les méfiances, flatté toutes les préventions, aggravé tous les malentendus, irrité toutes les jalousies, provoqué tous les ressentiments, attisé toutes les haines, ramené brusquement l'opinion publique en deçà de 1848, en deçà de 1830, et peut-être plus loin ; reclassé en partis exclusifs ces masses populaires qui ne demandent qu'à vivre paisiblement de la vie fraternelle et libre de citoyens égaux en droits et en patriotisme ;

Quand on aura fait tout cela, qu'aura-t-on fait ? Quand on aura prouvé tout cela, qu'aura-t-on prouvé ?

On aura fait œuvre de mauvais citoyen ; on aura amorcé les fusils de la guerre civile, et compromis, sans retour peut-être, cette cause de l'ordre que l'on croit défendre. On aura prouvé que la France incorrigible n'a rien appris à la rude école des révolutions, qu'elle ne sait sortir d'une crise qu'en se précipitant dans une autre, et que telle est sa destinée jusqu'à la crise suprême d'où elle ne sortira plus !

Ne vaudrait-il pas mieux, nous le demandons encore au nom du plus vulgaire bon sens, ne vaudrait-il pas mieux s'emparer de la situation actuelle pour la maintenir et l'améliorer; laisser le passé à l'histoire et à la raison du peuple, qui saura bien relever ce qui n'aurait pas dû être détruit; prêcher la confiance dans le présent et la foi dans l'avenir; prouver que l'ordre et la prospérité sont possibles, certains, assurés par le seul effet du suffrage universel, livré à ses conditions naturelles de bonne foi et de moralité; noter avec un patriotique orgueil les progrès déjà réalisés et ceux qui se préparent?

On ne nous présente que le tableau de nos misères : nous ne le connaissons que trop ! Mais pourquoi dissimuler avec soin les améliorations accomplies depuis dix-huit mois?

Est-ce qu'un gouvernement fondé sur le vote universel ne s'appuie pas sur une base plus rationnelle qu'un gouvernement de monopole et d'usurpation ? Est-ce que le ministère de Louis Bonaparte, composé d'hommes venus de tous les points de l'horizon politique, et liés entre eux par le dévouement, ne vaut pas mieux que le ministère de Louis-Philippe, où l'école doctrinaire seule était représentée ? Est-ce que, sans le 24 février, vous auriez jamais vu MM. de Falloux, Tracy, Tocqueville, dans les conseils du chef de l'état? Est-ce que vous auriez à l'Assemblée une telle majorité d'hommes d'ordre, c'est-à-dire,

ennemis des révolutions? Est-ce qu'en beaucoup
de lieux, l'influence du mérite et de la considéra-
tion populaire n'a pas remplacé l'influence avilie
de l'intrigue et de la corruption? Est-ce que les
conseils municipaux, généraux et d'arrondisse-
ment, sauf quelques déplorables exceptions, ne
représentent pas mieux qu'autrefois cet esprit de
fermeté, de tolérance et de progrès, qui est le
véritable esprit de l'avenir? Est-ce que, malgré
les entraves officielles, la liberté de l'enseignement pourrait ne pas faire un pas en avant avec
la liberté de conscience et d'association? Est-ce
que les honteuses chaînes des lois organiques
auraient été brisées? Est-ce que les évêques auraient pu inaugurer par les conciles provin-
ciaux la délivrance de l'Église et le règne répa-
rateur de la liberté catholique? Est-ce que
les essais de décentralisation administrative
qui vont être tentés, auraient eu même les
honneurs de la discussion sous le gouvernement
de M. Guizot? Est-ce que vous auriez vu les
chefs des écoles socialistes venir étaler à la tribune l'orgueilleuse impuissance de leurs doctrines? Est-ce que vous auriez eu le sel à 10 centimes, et l'abolition, ajournée peut-être, mais
certaine, des droits sur les vins? Auriez-vous en-
tendu parler du remplacement de la prestation
personnelle par des centimes additionnels au prin-
cipal des contributions directes, de la révision
de la loi des patentes, des cités ouvrières, de
règlements législatifs sur les logements insalu-
bres, et autres projets qui doivent inaugurer le

code de la charité légale, tout en venant en aide
aux efforts si persévérants de la charité privée?
Est-ce que vous auriez eu même la taxe postale à
20 centimes ?

Eh bien ! tout cela s'est accompli en quelques mois de crise , malgré la gêne de l'état et
des particuliers, malgré les violences et la guerre
civile; tout cela est venu remplacer le *rien, rien,
rien* du monopole ; tout cela s'est fait par la
seule force du suffrage universel. Laissez donc
venir l'ordre ; ne dites pas qu'il est irréalisable
en dehors de vos idées, parce que vous vous fe-
riez soupçonner de tenir à lui moins qu'à vos
idées ou à vos intérêts ; appelez-le au contraire
de tous vos efforts, de tout votre dévouement,
et soyez certains que, dès-lors , la marche du
progrès deviendra plus prompte en devenant
plus régulière. Croyez-moi, l'avenir est au suffrage universel, et non aux partis. Tôt ou tard
les partis viendront abdiquer devant la volonté
nationale, qui prendra à chacun d'eux ce qu'il
a de bon , d'utile et de généreux. Honneur et
succès à ceux qui comprendront les premiers ce
grand œuvre de la conciliation universelle !

II

S'il faut faire preuve d'une patriotique impartialité pour reconnaître et signaler les améliorations obtenues en quelques mois par le suffrage universel, il suffit, hélas! d'ouvrir les yeux pour voir les ruines amoncelées par l'explosion de février, et l'orage qui se forme aux quatre coins de l'horizon. Aussi personne aujourd'hui ne se sent-il porté vers l'optimisme, et nul encore n'a osé prétendre que tout soit pour le mieux sous la meilleure des républiques.

Les dangers de la situation sont d'ailleurs trop évidents pour être niés. Les victoires de juin 1848 et de juin 1849, ne font plus illusion. Malgré ses éclatantes défaites à la tribune, en cour d'assises et dans la rue, le socialisme n'a posé ni la plume ni le fusil ; il s'obstine plus que jamais à saper les fondements de l'état et de la civilisation elle-même.

Oui, dans notre société si profondément sillonnée par le soc révolutionnaire, il y a un parti de démolisseurs infatigables, il y a le parti de la guerre sociale. Son plan de désorganisation est simple autant qu'atroce : ameuter contre l'ordre établi toutes les passions, toutes les misères, toutes les ignorances, toutes les ambitions éconduites ; exalter l'orgueil par l'appât de la révolte ; séduire l'imagination par le tableau d'une félicité impossible ; masquer de vils instincts sous de belles paroles ; se poser en libérateurs du peuple opprimé, telle fut de tous les temps la tactique des Catilinas ; telle est, nous l'avons souvent dit depuis février, la tactique de nos socialistes de toute secte et de tout rang.

Comme leurs prédécesseurs, ces nouveaux barbares sont campés plutôt qu'établis dans notre civilisation, dont ils ne connaissent ni les lois, ni l'histoire, ni les transformations inévitables. Ils se donnent pour les philosophes de l'idée nouvelle, et ne savent que ressasser de nauséabondes chimères, vieilles comme l'orgueil humain, et comme lui frappées d'impuissance. Ils nous accusent de politique matérialiste, et ne savent faire que de la politique de porc à l'engrais. Ils rêvassent d'amour et ne prêchent que la guerre. Ils se comparent aux premiers chrétiens haïs et persécutés, mais loin d'offrir tout leur sang en témoignage de leur foi, ces martyrs doublés de bourreaux, parlent assez volontiers de verser le nôtre. Ils nous reprochent de fermer les yeux au progrès qui se prépare, et semblent ne pas même ouvrir les leurs au progrès que chaque jour réalise et que l'avenir complètera. Ils crient au *privilége* de la propriété, dans un pays où, sur 10 millions de cotes foncières, il y en a au moins 8 millions de 20 fr. et au-dessous.

Sus donc à ces puissants féodaux, à ces grands possesseurs de fiefs, à ces *voleurs* de la terre, à ces *riches* qui se permettent d'avoir en moyenne un scandaleux revenu de deux cent et quelques francs !

O aveuglement de l'esprit de parti ! Au nom de la démocratie, ils veulent bouleverser une société foncièrement démocratique. Au nom du *peuple*, ils attaquent, sous le pseudonyme de *bourgeoisie*, le peuple, oui, le peuple lui-même, élevé, enrichi, ennobli par l'intelligence, le travail et l'épargne. Cette lutte, disent-ils, est le complément de celle du tiers-état contre la noblesse ; c'est le nivellement légitime de la classe au profit de laquelle a été fait le nivellement de 89 ; c'est la révolution se couronnant elle-même, et répandant enfin ses bienfaits sur les pauvres et les déshérités.

Mais la bourgeoisie est donc, comme autrefois la noblesse, une caste inaccessible et bastionnée dans ses priviléges. Que faut-il faire pour être bourgeois? Que gagne-t-on à porter ce titre? J'ai beau compulser le recueil de nos législations, je ne trouve rien qui permette de poser de telles questions. Je vois, au contraire, que l'égalité civile et politique est la grande vérité de ce siècle; que toutes les positions sont à découvert, à la portée du travail intelligent et soutenu; que les droits sérieux de l'aptitude et du mérite doivent remplacer partout l'absurde faveur du nom ou de la fortune. Je vois que la propriété est démocratique , car notre terre française, librement possédée par des millions de petits cultivateurs, subit partout la même loi, le même impôt, les mêmes droits de mutation, les mêmes chances d'expropriation pour cause de saisie ou d'utilité publique. Je vois que la famille est démocratique, car la loi divise par égales parts le patrimoine entre tous les enfants, sans distinction d'âge ni de sexe. Je vois que la société politique est démocratique, car elle repose uniquement sur le suffrage universel, qui repose lui-même sur l'égalité absolue des droits entre tous les citoyens. Je vois enfin qu'il y a plus de véritable démocratie dans tel article du code civil, que dans toutes les élucubrations démagogico-socialistes.

La bourgeoisie n'est donc pas une aristocratie nouvelle qu'il faut abattre, c'est un niveau social qui monte avec les progrès de la civilisation, et vers lequel le jeu naturel de notre organisation civile et politique élève chaque jour les classes inférieures. Entre ce que l'on appelait jadis la noblesse et ce que l'on appelle aujourd'hui la bourgeoisie, il y a tout juste la même similitude qu'entre ces compagnies militaires de l'ancien régime où l'on n'entrait pas sans prouver ses quartiers, et nos gardes nationales d'à présent, dont chacun fait partie, en prouvant sa qualité de citoyen.

III

MAIS qu'importent ces inconséquences et ces contradictions tant de fois signalées? Rien n'arrête ces logiciens du cahos en train d'échafauder leurs syllogismes contre le bon sens et contre Dieu. Leur Babel, fondée sur l'abîme, a pour clef de voûte l'exagération, ce mensonge incohérent de la passion aveugle et sourde.

Écoutez-les : d'après eux, tout propriétaire est un parasite qui amasse et jouit sans travailler, ou même un voleur qui détient pour lui seul le bien de tous. Et cependant, qui produit les denrées de première nécessité? qui paie l'impôt foncier? qui fait vivre les travailleurs agricoles? qui a donné le premier exemple de l'association du capital et du travail? qui maintient, par de fortes traditions de bonnes mœurs et d'économie, la puissante organisation de la famille, qui? si ce n'est le propriétaire.

D'après eux, tout négociant est un vampire qui s'engraisse insolemment des sueurs et du sang du peuple. Et cependant, qui donne l'impulsion à l'activité nationale ? qui jette le plus d'argent dans les masses par le salaire et la spéculation ? qui contribue le plus au progrès des arts utiles ? qui soutient le crédit public par le crédit privé, qui peut s'offrir soi-même comme la personnification vivante de la puissance du travail, cette preuve de noblesse qui a remplacé les parchemins, qui ? si ce n'est le négociant.

D'après eux, tout ouvrier est une victime que l'on exploite, un soldat d'insurrection qui ne peut que rêver vengeance et barricades. Et cependant, sans parler de la fusillade et de la déportation, qui porte encore le poids des barricades renversées dans le sang en juin 1848 ? qui est le plus étroitement intéressé au rétablissement de l'ordre, c'est-à-dire, du travail ? qui n'a rien à espérer de l'émeute, et tout à attendre du suffrage universel ? qui représente la démocratie dans son espérance et dans sa force, qui ? si ce n'est l'ouvrier.

D'après eux, tout prêtre est un despote, un imposteur, un trouble-ménage, un fanatique armé des torches de l'inquisition. Et cependant, qui passe à travers le monde, pauvre comme le peuple et dévoué comme lui ? qui préside à toutes vos joies d'époux et de père ? qui prêche l'économie à vos femmes, la pudeur à vos filles, à tous l'oubli fraternel des injures ? qui est l'agent naturel de la charité ? qui vient vous consoler, quand le malheur vous frappe ? qui vous assistera, quand le froid de la mort glacera votre sang et roidira vos membres, qui ? si ce n'est le prêtre.

D'après eux encore, tout soldat est le séide brutal du gouvernement qui le paie, un prétorien ambitieux ne rêvant que coups de sabre et coups d'état. Et cependant, qui a joué, depuis février, le rôle le plus noble, le plus moral, le plus douloureux, le plus utile ? qui a fait triompher, à l'intérieur et à l'extérieur, la cause sacrée de la civilisation française ? qui couvrirait de son corps nos frontières menacées ? qui, dans ce siècle abâtardi, est resté fidèle à la religion du vieil honneur et du devoir, qui ? si ce n'est le soldat.

Vous voyez bien que ces sublimes raisonneurs prennent toute chose à rebours de la raison et de la réalité ; vous voyez bien qu'ils ne savent rien, ni du vieux monde, qu'ils veulent démolir, ni du monde nouveau, qu'ils prétendent créer. A les entendre, notre civilisation, fille du temps et de l'Évangile, ne serait qu'un leurre, une surprise de dix-neuf siècles, un odieux abus de la force qui va s'abîmer et disparaître au souffle vengeur du socialisme. Nous, qui avons rempli le monde de nos travaux et de nos gloires, nous, le peuple-roi de l'ère chrétienne, nous ne se_

rions qu'une horde à demi sauvage, où les no-
tions du juste et de l'injuste seraient à peine
soupçonnées ; où la loi consacrerait impuné-
ment l'oppression du faible ; où le travailleur
exténué se verrait condamné à mourir de faim
sur un travail improductif !...

Ah ! nous ne disons pas qu'il n'y ait, dans cette
société trop souvent fourvoyée dans l'égoïsme,
des vices de constitution à corriger, des ronces
à extirper, des montagnes d'abus à aplanir. Je
ne suis pas de ceux qui s'effarouchent de toute
idée nouvelle, et si je respecte le passé pour ses
services, j'aime surtout l'avenir pour ses espérances. Mais je dis aux socialistes :

« Vous niez radicalement le droit de propriété, ou vous visez ouvertement à le détruire
par vos chimères de droit au travail, d'impôt
progressif, de rappel du milliard, de confiscation
des chemins de fer, etc. »

« Vous attaquez audacieusement la famille
par vos théories sur le divorce, sur l'enseignement, sur le libre et légitime assouvissement de
toutes les concupiscences qui troublent et dé-
moralisent la société matrimoniale. »

« Vous marchez au renversement de la religion, en prêchant la ruine de la papauté par la
suppression de son indépendance temporelle ; la
ruine du clergé par la suppression du budget des

cultes, et en outre, en cherchant à exciter là, comme partout, les petits contre les grands, les vicaires contre les curés, les curés contre les évêques, et les évêques contre la cour de Rome. »

« Vous vous acharnez sur les débris encore vivaces de l'industrie et du commerce; vous vous opposez à la reprise du travail ; vous prêchez la guerre sainte de l'ouvrier contre le patron, et vous criez : *Vive la république sociale !* c'est-à-dire, jusqu'à ce jour: *Vive la misère !* »

« Vous cherchez à désorganiser l'armée, en poussant, là comme dans l'industrie, comme dans le clergé, comme partout, l'inférieur contre le supérieur, l'épaulette de laine contre l'épaulette d'or, et celle-ci contre l'épaulette à graines d'épinard. »

« Vous vous efforcez enfin de rendre tout gouvernement impossible, en décriant toute autorité, en réclamant comme un droit l'abus illimité des clubs et de la presse. »

« Voilà bien ce que vous faites, n'est-ce pas? Voilà bien ce que vous voulez. Eh bien ! j'ai ceci à vous dire : Puisque vous êtes décidés à en finir avec la propriété, avec la famille, avec la religion, avec l'industrie, avec le commerce, avec l'armée, avec toute autorité, c'est donc que vous avez trouvé moyen de construire un ordre social sans propriété, sans famille, sans

religion, sans industrie ni commerce, sans armée, sans gouvernement d'aucune espèce ! »

« Si vous avez trouvé ce moyen, faites-le connaître. Si vous ne l'avez pas trouvé — et vous
ne le trouverez pas —, avouez donc que vous ne
démolissez que par cupidité, ou par un odieux et
stupide amour du désordre ! Avouez qu'une fois
maîtres du pouvoir, vous ne pourriez donner à
ce peuple, à qui vous avez tant promis, que sa
part, sa triste part de ruines et de misère ! »

IV

Que parlez-vous d'attribuer à l'état la propriété absolue de toute chose, en le chargeant de distribuer à chacun sa pitance de chaque jour? Ingénieux système qui courberait le riche et le pauvre sous le niveau de plomb d'une misère commune ! De quoi se composent les ressources de la France ? des richesses agricoles et manufacturières. Eh bien ! voulez-vous savoir quelle est la valeur totale des produits annuels de l'agriculture française ? Elle est de 4 milliards, 230 millions. Savez-vous à combien on évalue, année moyenne, les produits de notre industrie manufacturière? à 3 milliards, 240 millions. Ce sont les statistiques officielles qui donnent ces chiffres, d'après les travaux de MM. Ch. Dupin et Léon Lalane. La France tire donc tous les ans de son sol et de son industrie, un revenu égal à 7 milliards, 470 millions de francs. C'est là notre bien, notre richesse, le fonds sur lequel nous vivons tous, le résultat en écus de l'activité nationale énergiquement stimulée par l'amour de la famille et de la propriété. Maintenant supposez, ce qui est inadmissible, qu'une fois ce mobile détruit, le travail ne s'arrêtera pas et que le revenu restera le même; divisez vous-même cette somme de 470 millions en parts égales et quotidiennes, entre 36 millions de Français : cela vous donnera un magnifique contingent de 58 CENTIMES par jour et par individu. Voilà certes un brillant résultat, et c'est bien la peine de bouleverser le monde pour y atteindre! Un peu plus de onze sous à chacun de nous pour se nourrir, se vêtir, se loger, s'instruire, se distraire, fournir en un mot à toutes les dépenses ordinaires ou casuelles, prévues ou imprévues, de luxe ou de nécessité! O Spartiates de contrebande, vous ne nous laisseriez pas même de quoi payer le brouet noir mangé à la gamelle, mais vous garderiez probablement de quoi suffire à vos convoitises hypocrites, dont le pouvoir serait le complaisant et dont la France serait la victime!

Pour que de pareilles aberrations aient pu troubler un seul moment la raison publique; pour que cette lèpre ait pu gangrener le cœur du peuple, il faut assurément que la misère ait longtemps murmuré ses sinistres conseils; il faut qu'un irrésistible besoin d'améliorations se soit révélé au sein des masses oubliées et souffrantes; il faut que les gouvernements n'aient trop souvent regardé ces souffrances qu'à travers l'épais bandeau de l'égoïsme.

Prenons garde de le reconnaître trop tard ! une ère nouvelle vient de commencer avec l'égalité des droits politiques. Ou le suffrage universel tombera par l'ignorance et la corruption du peuple, par le mépris qu'il fera de lui-même, ou il réalisera d'importantes réformes dans le sort des classes laborieuses. Il est de sa nature même de faire prédominer sur toutes les autres la politique des intérêts et des besoins populaires, la politique du bien-être et des réformes pratiques. On a souvent reproché aux diverses classes qui se sont succédé au pouvoir depuis quarante ans, d'avoir pensé à elles plutôt qu'au peuple entier, au *pays légal* plus souvent qu'à la patrie. Il n'y a pas lieu de s'en étonner : la loi d'élection à 1,000 fr. ou à 500 fr. donnant à quelques-uns le monopole des droits politiques, les privilégiés ont été entraînés à croire qu'ils pouvaient en user à leur profit, et non pour le profit général. Ainsi, nous pourrions citer telles lois qui portent fort sottement le cachet nobiliaire, et telles autres, rendues peu d'années après, qui furent exclusivement destinées à favoriser l'aristocratie électorale de 1830. Le suffrage universel mettra fin à ces rivalités de castes, dernières transformations des sociétés féodales ; absorbant en lui, pour les féconder, les droits et les volontés de la nation entière, il doit forcément en venir à donner satisfaction aux in-

térêts du plus grand nombre. Ceci est simple
comme un axiome et vrai comme un sentiment.
Les partis ont beau s'agiter, la politique, toute
la politique sérieuse de notre temps, est conte-
nue dans ces quelques mots : AMÉLIORER LE SORT
DES MASSES.

De ce que la raison et les faits opposent une
inexorable fin de non-recevoir aux utopies doc-
trinales du socialisme, est-ce à dire que toutes
ses critiques portent à faux, que toutes ses in-
dications sont mensongères, et qu'il n'y a rien
à redresser, rien à compléter, rien à détruire,
rien à innover dans l'organisation industrielle,
agricole, financière et politique de la société ?
Est-ce à dire qu'il n'y a rien à faire pour ces
classes laborieuses livrées sans défense à l'irré-
ligion, à l'ignorance et au chômage, cette triple
misère du cœur, de l'esprit et du corps ? Est-
ce à dire qu'il n'y a rien à faire pour le cultiva-
teur, qui nourrit l'état et que l'état ruine par
l'impôt, pour le petit commerce courbé sous
le double fardeau de la patente et de l'usure à
courte échéance ? Est-ce à dire que les impôts de
consommation, et ces tarifs arbitraires qui arrê-
tent à la frontière, ou font renchérir à l'intérieur
tout ce qui intéresse la nourriture, l'éclairage,
le vêtement et le travail du peuple, ne devraient
pas être réduits, sinon détruits ? Est-ce à dire
enfin qu'il faut repousser comme extravagante
ou criminelle toute pensée, toute initiative gé-
néreuse, et ne payer à la fraternité qu'un tribut
de lazzis ou d'anathèmes ?

Il ne faut pas s'y tromper, le socialisme, qui n'est ni une révélation, comme le disent ses illuminés, ni même une science, comme le prétendent ses philosophes, n'en est pas moins un grave et douloureux symptôme du malaise général. C'est le cri de la misère du peuple! Il ne s'agit pas de se boucher les oreilles avec épouvante, ou de s'endormir du sommeil de l'égoïste, il s'agit de l'écouter résolument, de s'élever, par l'amour et par la foi, au niveau de toutes les espérances et de tous les dévouements.

Donnez au pauvre la vie à bon marché, la justice et l'instruction pour rien; à l'industrie une organisation puissante fondée sur la liberté, développée par l'association ; à l'agriculture, l'argent à trois pour cent, et la franchise pour le transport à l'intérieur de ses produits de première nécessité; à l'ouvrier, des institutions de secours et de prévoyance, afin que la misère n'entre pas chez lui vingt-quatre heures après le chômage ou la maladie. En même temps, si vous ne voulez pas que vos réformes soient bâties sur le sable, jetez-en le fondement dans le sol résistant de la commune émancipée. Enlevez à l'état, pour les rendre aux municipalités et à chaque citoyen, toutes ces initiatives qui l'énervent, et qui façonnent peu à peu nos populations à l'asservissement communiste. A un peuple industriel et agricole, ne laissez pas plus longtemps une organisation administrative qui ne peut s'adapter qu'à un peuple de soldats et de

bureaucrates. La raison d'être et le seul appui
des gouvernements modernes, c'est l'esprit public manifesté par la liberté de la presse, de la
tribune, de l'enseignement et de l'association :
avec la centralisation, il n'y a pas, à proprement
parler, d'esprit public, il n'y a que l'arbitraire
officiel des fonctionnaires, corrigé et augmenté
tous les quinze ans par l'arbitraire bien autre-
ment exorbitant des révolutions parisiennes.
Rendez la France aux communes, c'est-à-dire, à
elle-même, et les factions n'auront plus prise sur
elle. Que la commune, qui est la famille en grand,
devienne l'état en petit; républicains, mettez la
république dans la commune : c'est là qu'elle
est, non-seulement possible, mais encore indis-
pensable.

Avec un pareil programme, sincèrement voulu
et sagement réalisé, vous aurez, dans deux ou
trois générations, un peuple de bourgeois, c'est-
à-dire, de citoyens arrivés à l'aisance par le travail. La misère ne sera plus l'énigme du sphinx,
qu'il faut résoudre à l'instant sous sa gueule af-
famée et béante ; ce ne sera qu'une exception
de plus en plus réduite, que le signe douloureux
de l'infirmité de la race humaine et de sa dé-
chéance originelle.

C'est aux hommes d'ordre à envisager, sans
trouble et sans illusions, cet avenir plus près
de nous qu'on ne pense, et à devancer le
suffrage universel dans ces voies de justice

et de réparation. Laisser croire au peuple que
les socialistes se préoccupent seuls de son bien-
être, qu'ils sont les seuls à vouloir l'abolition
d'impôts onéreux autant qu'iniques, c'est l'engager à se donner à eux. On a pu voir, le 13 mai
dernier, le profit qu'ils ont su tirer de cette tactique.

Parce qu'un mois plus tard, le socialisme a
sauté par les fenêtres des Arts-et-métiers, ce n'est
pas une raison de chanter victoire, et de se dis-
puter, au nom du passé, les dépouilles de la révolution vaincue. Après avoir dérouté l'émeute,
il importe de la désarmer, non pas seulement de
ses fusils, mais surtout de ses prétextes, de son
audace, de son ascendant sur le peuple. Les
anarchistes ont pris position, pour ainsi dire,
dans la confiance d'une partie égarée et souffran-
te de la population, il faut les débusquer au
nom de l'ordre, de l'ordre arborant le drapeau
du progrès. Il est bien, il est nécessaire de résister, mais il faut résister en avançant. Toute
résistance immobile doit finir par être emportée.
Le statu quo et le suffrage universel s'excluent ; il
faut que le suffrage universel triomphe. Après
avoir mené, en 20 ans, deux dynasties en exil,
le *statu quo* mènerait cette fois la société au com-
munisme.

V

J'ai parlé des socialistes , dois-je parler des montagnards ? Les montagnards sont-ils un parti ? La Montagne a-t-elle une doctrine ? Je vois bien un rassemblement d'hommes furieux gravissant d'un pas théâtral les sentiers glissants de la vieille Montagne conventionnelle ; mais je ne puis reconnaître là une armée de penseurs et de soldats ralliés sous le drapeau civilisateur d'une croyance nouvelle. J'entends bien le bruit de leurs injures et de leurs menaces , mais j'ignore où se cachent leurs principes, leur foi, leur titre à l'existence et à l'avenir. Je connais leurs passions, mais où sont leurs idées ? Que nous veulent ces Dantons à la détrempe ? Que disent ces pâles revenants des mauvais jours , ces échappés du club des Jacobins ?

Ce qu'ils veulent et ce qu'ils disent, eux-mêmes le savent-ils ? J'en doute.

La Montagne n'a plus de raison d'être depuis le jour où elle s'est abîmée dans le socialisme. Il y avait, au début de la révolution de février, deux partis également révolutionnaires, qui se disputaient le gouvernement de la république : c'étaient les républicains de la veille et les socialistes. L'histoire de leurs luttes est l'histoire même de nos récents désastres : 16 mars, 17 avril, 15 mai, 25 juin, dates sinistres écrites par la main fiévreuse de deux factions implacables ! Jusqu'au 10 décembre, où la candidature de Raspail combattit à outrance celle de Ledru-Rollin, les républicains de la veille et les socialistes eurent leurs camps à part, leurs programmes, leurs chefs, leurs drapeaux. Ils n'avaient de commun que la haine de l'ordre et un appétit désordonné de dictature révolutionnaire.

Aujourd'hui cette phase de la situation est déjà loin de nous. La révolution de février, et avec elle les républicains de la veille, se sont précipités dans le socialisme, abîme vengeur où ces Curtius involontaires ont englouti pour jamais leur présomptueuse incapacité. L'avenir, l'idée, le *but souverain*, comme a dit Barbès, tout est là ; hors du socialisme, il n'y a pas de raison d'être pour un parti révolutionnaire. Les montagnards se sont donc laissés absorber par ceux qu'ils venaient de combattre ; ils se sont résignés à n'être que les exécuteurs des hautes et basses œuvres du socialisme. A eux de démolir, à lui de reconstruire. L'accord est fait, ou plutôt l'annihilation est complète : M. Ledru-Rollin s'est prosterné aux pieds de M. Proudhon, qui a osé dire que la Montagne ne contient pas même une souris !

Chose étrange et certainement digne de remarque! Il y avait sans doute des montagnards à la constituante : eh bien ! l'accusateur public de la propriété, comme il se nomme lui-même, développant ses sordides théories, ne recruta, parmi les neuf cents, que sa voix, plus celle d'un ami, et je ne serai démenti de personne, en affirmant qu'à l'assemblée actuelle, M. Proudhon trouverait autant de *Greppos* qu'il y a de montagnards.

J'ai donc eu raison de dire que la Montagne n'est plus, qu'elle n'a plus de politique à elle, qu'elle s'est aplatie sous la pression des clubs et des journaux socialistes. Si vous voulez absolument qu'il y ait encore un parti montagnard, ce sera alors un parti sans présent, puisqu'il vient d'abdiquer entre les mains de son ancien rival ; sans avenir, puisqu'il n'a plus ni programme distinct ni tactique à son usage ; ce sera donc un parti rétrospectif, le véritable et le seul *parti du passé.*

Et qu'on ne croie pas qu'en concluant ainsi, j'abuse puérilement des faciles apparences de la déduction. Les montagnards n'ont et n'acceptent en effet d'autre rôle que de garder le dépôt des traditions révolutionnaires. 93 vit en eux, — et ils s'en vantent ! — avec toutes ses haines, tous ses préjugés, toutes ses espérances et toutes ses colères.

Pour eux comme pour la Convention, il n'y a pas de rois, il n'y a que d'effroyables tyrans repus de sang et de rapines. La royauté, s'exclament-ils, est à un peuple ce qu'un cancer est à la chair humaine ! Et ils ne s'aperçoivent pas que la France, dévorée par ce cancer pendant quatorze cents ans, leur renvoie un humiliant démenti par toutes les gloires et toutes les magnificences de son génie national.

Pour eux comme pour la Convention, le passé tout entier appartient aux ténèbres et aux crimes de la féodalité; l'ère d'intelligence et de vertu ne date que de leur règne. De l'histoire d'avant 89, ces illustres champions des lumières ne connaissent que le droit de cuissage et la St-Barthélemy !

Pour eux comme pour la Convention, l'Europe en armes agite sur nos frontières les chaînes de l'absolutisme. La France est l'ennemie de tous les gouvernements et l'alliée naturelle de toutes les démagogies. Propager par le fer et le feu le dogme sauveur de la fraternité des peuples ; renouveler les prodiges et les misères de nos grandes luttes contre la coalition ; décréter la banqueroute, la levée en masse, l'accaparement de tous les produits du sol, pour fournir à la subsistance des armées, telle est la seule politique extérieure digne de la France et fidèle à la révolution.

Pour eux comme pour la Convention, il importe moins de faire aimer la liberté que de la faire craindre. La vieille société française est encore tout infectée de préjugés royalistes ; il faut lui ouvrir les veines pour lui inoculer la république. Un comité de salut public, absorbant tous les pouvoirs centralisés dans une assemblée souveraine, et dominé lui-même par un triumvirat de dictateurs, tel est l'idéal de gouvernement qu'on ose encore une fois nous offrir au nom du progrès et des droits de l'homme !

Pour eux comme pour la Convention, les *riches* conspirent la faim et la servitude du peuple. Les écus se cachent, les écus sont royalistes, les écus ont peur ! Pour leur rendre confiance, pour les convertir à la république, pour les décider à se montrer, savez-vous ce qu'imaginent nos grands économistes de la Montagne ? Ils n'imaginent rien de mieux que de les frapper d'une terreur plus grande. Les procédés financiers les plus sauvages, l'emprunt forcé, le maximum, le papier-monnaie, la confiscation, l'impôt d'un milliard sur les riches, tout le budget *des recettes* de 93, sans doute avec la guillotine comme machine à recouvrement, voilà de quoi relever le crédit, fonder le bien-être des classes pauvres, et susciter l'enthousiasme républicain chez un peuple de cultivateurs, de marchands et d'industriels!

Pour eux comme pour la convention, il n'y a pas d'adversaires à ramener par la discussion libre et sincère, il n'y a que des ennemis à exterminer. Tout ce qui n'est pas *rouge* (lisez *jacobin*), est *aristocrate*, c'est-à-dire, ennemi du peuple et complice des tyrans. Je me rappelle, à cette occasion, avoir répondu à un vieil ami de M. Ledru-Rollin, dans une lettre que publièrent, en janvier 1848, la plupart des journaux de Paris et des provinces : « Les pires aristocra-
« tes, ce ne sont pas, comme vous dites, les
« *vétérans de l'ancien régime* — s'il en reste —,
« ce sont les vétérans révolutionnaires; ce sont
« les hommes qui veulent imposer à la France
« le joug de leur parti, et à leur parti lui-même
« le joug de leurs passions personnelles. *Ni ta-*
« *lons rouges, ni bonnets rouges :* la France ne
« veut pas plus du despotisme des clubs que
« du despotisme des cours. » Un mois plus tard, mon démocrate, devenu l'un des personnages les plus considérables de la république, trônait superbement dans un palais, et révoltait jusqu'à ses anciens amis par la hauteur de ses manières et l'insolent sybaritisme de sa dictature!

Mais à quoi bon poursuivre plus loin ce rapprochement dont nos montagnards se font gloire, bien qu'il les réduise au rôle piteux de parodistes? Il n'est pas jusqu'au jargon, aux ridicules, aux titres de journaux, aux costumes même de cette horrible époque, dont ne s'emparent ces vulgaires imitateurs, qui ne seraient rien s'ils restaient eux-mêmes.

On sait que la Convention, dans sa lutte à outrance contre l'idée aristocratique, s'en prenait souvent aux symboles les plus inoffensifs. Depuis l'altier donjon féodal jusqu'à l'humble plaque de cheminée suspecte de dissimuler des fleurs de lis sous sa croûte de suie (Décret du 21 vendémiaire an II), le marteau de 93 avait tout marqué du sceau de la démolition. Avec les passions et les dangers de moins, nos montagnards de février sont tout juste de la même force. L'instinct des grandes choses les possède, leur politique est frappée au coin des nobles instincts et des vastes idées. A peine vainqueurs, les voilà qui débaptisent les rues, les colléges, les théâtres, les cafés, les hôtelleries, les diligences! Les voilà qui décrètent la formule du coup de chapeau, et qui tentent de hardies réformes dans le code.... épistolaire! L'aristocratique *Monsieur* est banni pour le démocratique *Citoyen*, et l'inoffensif *J'ai l'honneur d'être* se hâte de faire place au *Salut et Fraternité* officiel. Que vous dirai-je? ces hommes sont marqués de Dieu pour une haute mission; le génie des temps nouveaux les tourmente, et il faut bien qu'ils justifient leur titre de novateurs!

Si vous osez leur rappeler que les souvenirs de St-Louis, de Louis XIV, de Napoléon, ne sont pas tout à fait indignes d'un grand peuple; que ces noms et tant d'autres, qui sont l'orgueil de notre histoire, ont quelque droit à se voir inscrits dans nos mémoires et sur nos monuments, ils vous répondront que vous êtes un jésuite et un aristocrate.

Si vous leur objectez que la république des États-Unis, république sérieuse, celle-là, et fondée par des hommes forts, n'a pas même changé les noms de ses provinces; que pendant la guerre de l'indépendance, il y avait dans l'armée américaine un corps de *georgets*, qui, malgré son nom, combattait bravement les troupes du roi Georges, ils vous répondront sans doute que Wasington, Jefferson, Thomas Payne, et autres héros de la liberté américaine, n'entendaient rien à la démocratie.

Changez l'étiquette du sac, et donnez-leur le sac avec tout ce qu'il contient, ils se tiendront pour satisfaits. Que la France, qui s'appelait hier monarchie, s'appelle aujourd'hui république; que pas un abus ne soit déplacé, mais que tous les fonctionnaires le soient à leur profit; qu'au nom de la liberté chacun d'eux puisse établir dans son petit coin une petite Turquie à son usage, et nul d'entre eux ne songera à se plaindre. Comme tous les gens sans principes, nos républicains de la veille ne tiennent qu'à leurs

rancunes et à leurs intérêts. Intérêts et rancunes
une fois assouvis, le dernier mot est dit, le
terme du progrès est atteint. Mais si vous les
destituez; si vous appelez aux affaires les hommes qu'ils ont toujours exécrés et redoutés, il
faut vous attendre, comme cela se voit depuis
le 10 décembre, à des hurlements de loups
affamés et à des attaques sauvages.

Voilà le jugement que nous permet de porter
le spectacle donné, depuis février, par les républicains du *National*, si piteusement absorbés
aujourd'hui par les socialistes de la *Réforme*.

Il y a plus ! l'écueil presqu'inévitable de l'i-
mitation, c'est l'exagération, c'est la charge; or,
nos montagnards *pour copie conforme*, n'étaient
pas gens à s'en tenir loin. En disant qu'ils n'ont
pas fait un pas depuis le 9 thermidor, je m'ex-
poserais à en dire trop ou trop peu : la vérité
est qu'ils ont fait un pas en arrière. Je m'expli-
que : chacun sait qu'après les journées du 31
mai, qui furent le 10 août de la Gironde, une
lutte, sourde d'abord, puis terrible, s'engagea
entre Robespierre et la faction enragée des *hébertistes*, qui réclamait sa part d'influence en
retour de ses nombreux services. Hébert, Clootz,
Proli, Chaumette, et autres célébrités de bas
étage, durent aller expier sur l'échafaud le dan-
gereux honneur d'avoir préparé le triomphe de
Robespierre. On les donna pour des athées, des
matérialistes, des énergumènes révoltés contre

l'assemblée nationale ; *l'hébertisme* prit place définitivement à côté du *modérantisme*, du *brissotisme*, de *l'obscurantisme*, du *négociantisme*, dans le sanglant vocabulaire de ce tribunal abruti, qui traitait la langue avec le même sans-façon que la justice. Aujourd'hui les hébertistes s'apprêtent à prendre leur revanche ; le parti des furieux l'a emporté sur le parti des politiques. Robespierre serait désavoué pour chef par ses prétendus disciples ; à les entendre et à les voir, il leur faudrait le capucin Chabot pour grand pontife, et la déesse Raison à la place de l'Être suprême. Si l'émeute du 13 juin eût abouti, la république aurait été livrée aux athées, aux enfants perdus des clubs et de la basse presse. La coterie du *National* débordée en une heure, Ledru-Rollin, Considérant, et autres montagnards trop *parlementaires*, proscrits avant huit jours, vous auriez vu Barbès et Blanqui s'élancer à la fois sur le pouvoir, et l'entraîner avec eux dans leurs luttes convulsives jusqu'au fond du cratère socialiste, qui les revomirait bientôt en flammes et en débris !

Tel est le rôle, tel est l'avenir qu'ont préparés aux républicains de la veille leurs lâches condescendances pour les ennemis de l'ordre social. Réduit à entretenir chez le peuple des ardeurs de ruines et de vengeance qu'il a autrefois combattues, condamné, comme l'esclave romain, à nourrir de sa main l'hydre féroce qui doit le dévorer, ce parti, tombé depuis un an au-dessous de l'histoire et de la polémique, n'a même plus de nom qui rappelle une idée : il s'intitule LA MONTAGNE, c'est-à-dire, le terrorisme, c'est-à-dire, l'odieux dans le passé, joint à l'impossible dans l'avenir.

Ah ! puisque l'on s'obstine à diviser avec des souvenirs, quand il serait si facile de concilier avec des espérances ; puisque l'on ose offrir aux adorations de la foule la tête de Robespierre donnant le baiser de paix à la tête de Babœuf ; puisque l'on veut relever, pour l'apothéose, des noms engloutis dans une mer de sang ; puisque décidément il y a un parti qui n'a d'autre sens, d'autre idée, d'autre nom, d'autre espoir que le TERRORISME, disons en peu de mots ce que fut LA TERREUR ; rouvrons cet abîme d'où s'élève le gémissement éternel et profond de l'humanité outragée, et vers lequel on essaie encore de nous entraîner à reculons !

VI

Je ne puis avoir, on le comprendra, la pré-
tention de donner ici le tableau complet de
cette Saint-Barthélemy de 14 mois, qui sera le
deuil, le remords et l'effroi de l'avenir. Il me
suffira de rappeler brièvement quelques traits
ou pièces officielles trop oubliées, et d'ouvrir,
pour ainsi dire, la calme perspective de l'histoire sur cette époque défigurée par les passions
contemporaines.

Les montagnards (et ils sont nombreux), qui
adorent, sans les connaître, les dieux sanglants
de 93, me devront peut-être l'idée de les re-
garder debout et de plus près ; quant aux autres, aux terroristes avec préméditation, je dois
compter plutôt sur leurs remercîments que sur
leurs anathèmes, car en redisant les hauts faits
de leurs devanciers, ce sont leurs titres de noblesse que j'expose.

Au mois d'avril 1794, alors que le comité de salut public, débarrassé de Danton, régnait sans rival et sans contrôle, St-Just s'écriait, à la fin d'un rapport sombre et violent sur la police générale : « Que serait devenue une république « indulgente? Nous avons opposé le glaive au « glaive, et la république est fondée. Elle est « sortie du sein des orages ! Cette origine lui « est commune avec le monde sorti du chaos, « et avec l'homme qui pleure en naissant ! »

A la même époque , Collot-d'Herbois excitait en ces termes les farouches ardeurs de ses fidèles jacobins : « Je vous le répète, citoyens, « veillons au dedans, tandis que nos guerriers « combattent au dehors. Que les fonctionnaires « chargés de la surveillance publique redou- « blent de soins et de zèle, qu'ils se pénètrent « bien de cette idée, *qu'il n'y a peut-être pas* « *une rue, pas un carrefour où il ne se trouve* « *un traître qui médite un dernier complot. Que* « *ce traître trouve la mort, et la mort la plus* « *prompte !* Si les administrateurs, si les fonc- « tionnaires publics veulent trouver une place « dans l'histoire , voici le moment favorable « pour y songer ! le tribunal révolutionnaire « s'y est assuré déjà une place marquée..... « etc. »

Voilà tout l'esprit de cette époque scélérate : d'une part, le fanatisme impudent du sophiste qui philosophe la terreur et vous coupe la tête avec une métaphore ; de l'autre, le fanatisme grossier du subalterne déchaînant le soupçon, la colère, l'ambition, le faux patriotisme, comme autant d'auxiliaires naturels de la théorie du maître.

Le mépris de l'humanité chez les gouvernants, et une sorte de résignation fataliste chez les victimes, qui furent de tout temps l'indice et le soutien de la tyrannie, ne se sont jamais plus clairement manifestés que sous le règne de la terreur. La vie des hommes semblait n'avoir pas le même prix que dans les époques ordinaires ; cette valeur avait baissé comme toutes les autres. On jouait sa tête et on la perdait avec la plus insouciante témérité. Le gouvernement décrétait de sang-froid l'anéantissement d'une ville, d'une province entière, l'extermination de toute une classe de citoyens : ces arrêts s'exécutaient comme, en d'autres temps, les condamnations prononcées contre des criminels vulgaires. Pendant que la guillotine jouait sans relâche à l'intérieur, à toutes les frontières des milliers de soldats tombaient sous le canon de l'étranger ; mais la loi des suspects remplissait de nouveau les prisons, la levée en masse réparait aussitôt les brèches ouvertes dans nos rangs, et la mort régnait partout, ici avec la terreur pour complice, là avec l'héroïsme pour compagne !

Aucune tyrannie ne fut plus atroce et plus savamment combinée. La situation financière était opprimée par les assignats ; la situation commerciale anéantie par le *maximum*, qui substituait des règles fixes à la mobilité de la nature et des intérêts ; la justice immolée aux tribunaux révolutionnaires institués pour condamner, et non pour juger ; l'administration centralisée dans les mains du comité de salut public et de ses délégués, les commissaires extraordinaires ; tous les cultes, hors celui de la déesse Raison, étaient proscrits ; le droit de propriété nié par la confiscation et l'emprunt forcé ; la liberté individuelle et l'inviolabilité du domicile n'existaient pas même de nom, et la liberté de la presse s'était vue, dès les premiers jours, confisquée au profit du *Père Duchesne !* La France descendait la pente de l'abîme, roulée dans le tonneau de Régulus : chaque institution nouvelle était une pointe pour déchirer son corps épuisé. La machine gouvernementale distillait le sang par tous ses rouages : en haut, les comités souverains qui annihilaient la Convention, au-dessous d'eux les tribunaux révolutionnaires, puis les divers corps administratifs, les commissaires aux accaparements, les commissaires à la vente des biens nationaux et d'émigrés, les commissaires aux saisies des meubles, les taxateurs, les comités révolutionnaires, les sociétés et commissions populaires, tel était le lugubre appareil de la tyrannie terroriste, la chape de plomb jetée sur les épau-

les du *corps politique* condamné par ses mé-
decins *à une transpiration salutaire* (1).

Ce fut une idée ingénieuse de Fouquier-
Thainville, de faire dresser l'échafaud dans la
salle même du tribunal et vis-à-vis son siége
d'accusateur. Il eût été plus simple encore d'in-
terroger les prévenus le cou sous le billot, et de
faire tomber leur tête à la première réponse.
Ce délire sanguinaire avait sa logique; le comité
de salut public le réprima, parce que cette
logique avait ses dangers. « Tu veux donc dé-
« moraliser le supplice ! » s'écriait Collot-
d'Herbois. En effet, on aurait fini par confon-
dre le tribunal avec l'échafaud, et par supprimer
les juges, comme faisant double emploi avec le
bourreau. Fouquier s'était permis aussi de faire
tuer (je ne puis pas dire juger), cent-soixante
accusés à la fois ! le comité lui enjoignit de pro-
céder par coupes réglées de soixante au plus.
Ce que c'est que d'être modéré !

Dieu se lassa enfin de ce gouvernement qui
fut une orgie de cannibales. La terreur, comme
la rage, eut son paroxysme, qui précéda sa fin
de peu de temps. La loi du 22 prairial (10 juin
1794), sous prétexte de réorganiser le tribunal
révolutionnaire, en fit quelque chose d'aussi
prompt et d'aussi aveugle que l'instrument du
supplice. L'instruction se bornait à un simple

(1) Expression de Collot-d'Herbois.

appel nominal; la défense était supprimée, si les juges trouvaient *qu'il existât des preuves matérielles ou morales.* « *La loi,* » disait un article, « *donne pour défenseurs aux patriotes des* « *jurés patriotes;* ELLE N'EN ACCORDE POINT AUX « CONSPIRATEURS. » Ces jurés *patriotes,* au nombre de cinquante, se relevant de jour en jour et neuf par neuf, étaient choisis exclusivement parmi les créatures de Robespierre. La faculté de traduire les citoyens devant ce tribunal coupe-tête, était attribuée aux comités de salut public et de sûreté générale, à la Convention, aux représentants en mission et à l'accusateur public, Fouquier-Thainville. La seule peine était LA MORT.

Ce code de l'assassinat légal fut voté, nous avons honte de le dire, jusqu'au dernier article, par la Convention, toujours tremblante sous la parole de Robespierre. Le lendemain, le maître était absent; quelques objections, inspirées par la peur et bientôt réprimées par elle, osèrent se produire à la tribune : on se risqua à déclarer que le décret de la veille ne serait applicable aux représentants qu'après l'autorisation de l'assemblée. Mais ce timide amendement est rapporté dès la séance suivante. Le maître a reparu, surpris, irrité, menaçant; la Convention a fait amende honorable et a obtenu son pardon en se livrant elle-même, en livrant la vie de chacun de ses membres à la merci des comités, c'est-à-dire, de Robespierre.

Heureusement la discorde se mit entre les deux comités et dans le sein du comité de salut public lui-même. Voyant que Robespierre et Couthon (St-Just était aux armées), s'étaient mis seuls pour concevoir et rédiger cette loi atroce, leurs collègues purent penser, sans trop de déraison, qu'ils étaient tous menacés par elle. On commença donc par refuser aux dictateurs les têtes d'un grand nombre de députés dénoncés comme *indulgents*, de plusieurs montagnards, et même de Cambon, jalousé à cause de sa supériorité financière. Refuser des têtes à Robespierre, c'était lui refuser l'empire. Il insista avec aigreur. Le comité de sûreté générale répondit, en dénonçant à la convention la secte extravagante de Catherine Théos, dite *la Mère-Dieu*, vieille folle possédée de Robespierre. On se permit de rire, en voyant le tyran transformé en prophète. Blessé dans ses haines et dans sa vanité, Robespierre renonça dès ce jour à paraître au comité; il se retira aux Jacobins, méditant de briser la résistance et d'emporter la situation par un nouveau 31 mai.

La tribune des jacobins était pour lui un autel; il y trônait en pontife comme chez la *Mère-Dieu*. Le 13 messidor (1er juillet), il dénonça sournoisement les deux comités, parla avec amertume de calomnies répandues contre son patriotisme, de complots dirigés contre sa vie. Peu de jours après, fatigué de voir l'opinion plus préoccupée des succès de nos armées sur le Rhin que des rancunes de son ambition impatiente, il se plaignait à la même tribune de l'enthousiasme inconsidéré du peuple; il amoindrissait nos succès, prédisait des revers prochains et s'écriait: « La victoire sur « les armées ennemies n'est pas celle après la- « quelle on doit le plus aspirer... La véritable « victoire est celle que les amis de la liberté « remportent sur les factions. » — Rhéteur cauteleux, qui jetait ses phrases vides au milieu de nos fanfares de guerre, et croyait nous détourner du glorieux spectacle des champs de bataille, par le hideux spectacle des proscriptions civiles!

Jaloux des Girondins, jaloux de Danton, jaloux de la Commune, il avait pu jusque là faire tomber toutes les têtes qui dépassaient la sienne. Aujourd'hui il jalousait le comité sur qui rejaillissait en partie l'enthousiasme de nos victoires; il jalousait Carnot, qui entendait merveilleusement l'art de la guerre, auquel il était, lui, complètement étranger; il jalousait Cambon, plus connaisseur que lui en finances; il jalousait les généraux, conquérant chaque jour dans l'admiration publique une place qui semblait rétrécir la sienne. Sa popularité souffrait de nos victoires; elle n'aurait eu qu'à gagner à nos revers: aussi les désirait-il! Sa conduite et ses discours en offrent la preuve. Une défaite, en lui donnant raison sur les comités, aurait livré à ses vengeances tous ceux qui, à son grand dépit, bénéficiaient de la victoire.

Des amis effrayés voulurent tenter une réconciliation ; Robespierre fut inflexible : il lui fallait son compte de têtes ! Au retour d'une conférence où l'on n'avait pu s'entendre, Barrère osa dire à l'un de ses confidents : « Ce « Robespierre est INSATIABLE ! Qu'il demande « Tallien, Bourdon (de l'Oise), Thuriot, Guf- « froy, Rovère, Lecointre, Panis, Barras, « Fréron, Legendre, Monestier, Dubois-Crancé, « Cambon et toute la sequelle dantoniste, *à la* « *bonne heure !* Mais Duval, mais Audoin, « Léonard Bourdon, Vadier, Vouland, *il est* « *impossible d'y consentir !* »

Glorieuse époque où le gage de la concorde entre les hommes d'état se ramassait dans le panier de la guillotine ; où le bourreau tenait dans sa main le fil de toutes les intrigues ; où la patrie devait à ses tyrans des sacrifices de victimes humaines !

Le 9 thermidor vint enfin mettre un terme aux bouderies de Robespierre. Dépourvu de courage personnel, il ne sut pas tirer parti du fanatisme des jacobins, ni engager à temps la lutte de la Commune contre la Convention. Au moment décisif, le cœur lui manqua ; entraîné par ses complices à l'Hôtel-de-ville, il y fut arrêté avec les chefs de cette nouvelle Convention, moins Hanriot, qui venait de sauter héroïquement par la fenêtre. Caché le 20 juin, invisible le 10 août, enfoui dans sa cave le 2 septembre, comme le

lui reprocha Danton, il eut toutes les haines de
la révolution sans en avoir la terrible audace.
Cette impuissance, qui aurait dû le condamner
au second rôle, l'exaspérait; il y remédiait par
une astuce imperturbable, et par la constante
affectation d'une sensibilité philosophique. Ses
innombrables discours, qu'admirent aujourd'hui
tant de gens qui ne les ont pas lus, ne suppor-
tent pas la critique. Cette prose aigre et malsaine
où circulait, comme sur son visage, plus de fiel
que de sang généreux, parvenait sans doute à
envenimer les esprits, mais non à réchauffer et
à fortifier les cœurs. La postérité ne doit que son
dédain à cet ergoteur sans talent, qui sifflait
comme la vipère, tout en s'efforçant de rugir
comme le lion. Trop lâche pour un chef de parti,
trop ennuyeux orateur pour un tribun, trop
rhéteur pour un révolutionnaire, Robespierre
ne sut que rester médiocre au milieu des plus
grandes circonstances, envieux et personnel
quand tout commandait les hautes pensées et
l'oubli de soi-même. Loin de prouver la supériorité de son génie ou de sa vertu, son élévation
éphémère ne prouvera que sa profonde perver-
sité, et la turbulence dévergondée d'une époque
qui dressa des autels à Marat!

Les papiers trouvés chez lui achèvent de le
faire connaître. Ce dossier de la terreur, dé-
pouillé par ordre de la Convention, et lu par
Courtois, député de l'Aube, à la séance du 16
nivose an III, devrait être remis sous les yeux

de nos modernes montagnards. On peut y étudier les héros de 93 peints par eux-mêmes dans la cynique intimité de leurs correspondances ; on y surprend le mot d'ordre de cette horrible guerre de quelques scélérats contre toute une génération.

« Encore des têtes ! écrit un des frères et
« amis de Lyon, et chaque jour des têtes tom-
« bent. Quelles délices tu aurais goûtées, si tu
« eusses vu avant-hier cette justice nationale
« de deux cent-neuf scélérats ! Quel ciment pour
« la république ! *En voilà déjà plus de cinq*
« *cents ; encore deux fois autant y passeront*
« *sans doute, et puis ça ira!* » Hosanna de la mort chanté par les bourreaux ! (*Pièces justificatives*, n° 98.)

Et cet autre : « Ma santé se rétablit chaque
« jour par l'effet de la destruction des ennemis
« de notre commune patrie. Mon ami, je t'as-
« sure que cela va on ne peut mieux ; tous les
« jours, il s'en expédie une douzaine. *L'on vient*
« *même de trouver cet expédient trop long : tu*
« *apprendras sous peu de jours des expéditions*
« *de deux à trois cents à la fois ! Les maisons se*
« *démolissent à force.* » (*Idem*, n° 92.)

Et cet honnête correspondant de Robespierre, qui préludait ainsi aux déclamations de nos socialistes : « Je crois qu'il faut tuer l'aristocratie
« mercantile comme on a tué celle des prêtres

« et des nobles. LES COMMUNES, à la faveur d'un
« comité de subsistance et de marchandises,
« DOIVENT SEULES ÊTRE ADMISES A FAIRE LE COM-
« MERCE. » (*Idem*, n° 85.)

Et Maignet, qui implore de Couthon l'éta-
blissement d'un tribunal révolutionnaire dans
le département de Vaucluse, *afin*, dit-il, *de
purger la terre* de NEUF OU DIX MILLE *contre-révolutionnaires qui infestent ce pays*. (*Id.* n° 109.)

Et cet agent national, ancien juré au tribunal
de Paris, auquel le président de la commission
d'Orange dénonce en ces termes un de ses collègues : « *Il est quelquefois d'avis de sauver des
prêtres contre-révolutionnaires*. IL LUI FAUT DES
PREUVES, *comme aux tribunaux ordinaires de
l'ancien régime;* et qui mande au juge soupçonné
de *faiblesse :* « *Je t'en conjure*, au nom de la république, *laisse des formes étrangères à ta place;
n'aie de l'humanité que pour ta patrie;* marche
d'un pas égal avec tes collègues; OUBLIE QUE LA
NATURE TE FIT HOMME ET SENSIBLE ! » (*Id.* n° 118.)
Et pendant quatre cents pages se déroule ce dia-
logue satanique où rien ne trahit la présence de
l'homme, si ce n'est le sang des victimes qui
coule à torrents, et la prière du juste qui inter-
cède pour ses bourreaux !

Oh ! croyons-le, pour ne pas désespérer de
l'humanité, cette époque sinistre n'est pas sortie tout entière, armée de la torche et du poi-

gnard, des rêves de nos premiers révolutionnaires. Pour le plus grand nombre, la terreur
ne dut être ni préméditée ni même prévue, elle
s'imposa fatalement à leur lâcheté et à leur ambition, comme le crime s'impose à la conscience
déjà criminelle.

Les hommes qui, pour préparer une révolution, ne savent rien de mieux que troubler,
irriter et démoraliser les classes inférieures, se
mettent forcément à la discrétion des mauvais
instincts qu'ils ont appelés à leur aide. Pendant
qu'ils paradent orgueilleusement dans leurs abs-
tractions philosophiques, de sourdes rumeurs
s'élèvent des bas-fonds de l'ordre social; l'agi-
tation commence et se propage; des passions non
encore soupçonnées, surgissent bruyamment
et viennent jeter leurs cris à la surface, révéla-
tions de l'abîme que plus d'une fois les novateurs
eux-mêmes n'entendirent pas sans frissonner!
Bientôt quelques forfaits se commettent; il faut
d'abord les nier, les atténuer, les justifier, sous
peine d'abdiquer toute influence en se laissant
convaincre d'inconséquence et de pusillanimité.
Plus tard, il faudra les reproduire et les dépasser
sous peine d'être dévoré soi-même par le mons-
tre auquel on refuse sa pâture accoutumée. *Ce
sang est-il donc si pur!* murmurait Barnave,
après l'assassinat de Foulon et de Berthier: voilà
le début. *Oublie que la nature te fit homme et
sensible,* écrit, moins de quatre ans après, un des
principaux agents de Robespierre: voilà la con-

clusion. Toute l'histoire de la terreur, qui se développe entre ces deux dates, pourrait s'expliquer par ces deux phrases.

Que les montagnards, doués de sang-froid et d'honnêteté, veuillent bien y prendre garde! leur fameuse doctrine de la nécessité les ramènerait forcément où elle a mené leurs devanciers. Où commence *la nécessité* de tuer des hommes sans jugement, où finit-elle? On a beau déclamer : la première loi, ce n'est pas, comme le dit l'adage païen, la loi de salut public, c'est cette loi de justice et d'humanité qui fait que nous sommes des hommes, et non des bêtes féroces. Ou plutôt, la politique n'est pas distincte de la morale: il n'est jamais *nécessaire* ni même *possible* de se sauver par l'iniquité. Rien ne dure de ce qui s'établit par la violence ; le droit seul est éternel et fonde pour l'avenir. Une fois certaines limites dépassées, il n'est, pour ainsi dire, plus permis de revenir sur ses pas. Le crime engendre le crime, et les sophismes se multiplient dans l'esprit, à mesure que la peur ou les remords s'agitent dans le cœur. Plus on a sacrifié à la nécessité, plus on tient à prouver que ces sacrifices étaient indispensables. On ne consent pas volontiers à reconnaître que, pour un mensonge, on a foulé aux pieds tous les sentiments de la nature, voué sa vie à la honte, sa mémoire à l'exécration des siècles.

Telle fut la position des dictateurs de 93. Engagés dans la voie terrible, ils ne pouvaient, ni reculer sans avouer leurs crimes, ni s'arrêter sans être broyés entre deux réactions. Il fallait marcher, marcher toujours, les pieds dans le sang, puis les genoux, puis la ceinture, puis la tête ! Reniant la Providence, ils avaient invoqué LA NÉCESSITÉ pour justifier leurs premiers excès : LA NÉCESSITÉ devait s'emparer d'eux et les pousser un à un jusqu'au fond de l'abîme, où ils s'entre-tuèrent eux-mêmes sur les ruines qu'ils avaient amoncelées !

Telle serait encore la fatalité de nos Marats, de nos Dantons, de nos Robespierres et de tous nos prétendants à la dictature révolutionnaire. Honte et malheur au peuple qui subirait encore une fois le joug de pareils hommes et de pareilles doctrines !

VII

Ce sera l'œuvre de l'asssemblée actuelle d'en finir avec les déceptions et les monstruosités de la politique anarchique, aussi bien qu'avec les préventions égoïstes et les récriminations stériles de la vieille politique conservatrice. Tout système qui fait violence aux sentiments et aux intérêts du pays, ne saurait devenir un gouvernement national. Nous ne voulons pas être opprimés, même pour arriver à l'affranchissement. Nous ne voulons pas être ruinés, même pour arriver à un degré supérieur de richesse et de prospérité. Nous ne voulons pas supporter le gouvernement du crime, même pour arriver au règne de la vertu. Nous ne voulons pas renouveler les luttes et les déboires du passé, même pour éviter les dangers de l'avenir.

Et ce n'est, quoi qu'on en dise, ni l'égoïsme, ni la peur, ni le scepticisme qui parlent ainsi,

c'est le bon sens. Comment croire que le despotisme révolutionnaire ou autre, puisse être un
acheminement vers la liberté? Comment com-
prendre qu'il faut détruire au lieu de consolider,
et revenir au cahos pour courir la chance d'un
nouveau *fiat lux ?*

Cette session doit être la session des réformes
utiles et populaires. On ne m'accusera pas d'être
de ces esprits inquiets qui prétendent qu'on n'a
rien fait, parce qu'il reste beaucoup à faire ; j'ai
donné avec empressement le détail des améliorations déjà conquises, et même de celles qui
sont en projet. Je puis donc, sans me faire sus-
pecter, dire à la majorité, et surtout à ses journaux :

« Vous avez derrière vous un peuple affamé
« d'ordre, de prospérité, de réformes, et de-
« vant vous, deux ans pour répondre au vœu du
« pays. Ne vous y trompez pas, cette trève de
« deux années sur le terrain neutre de la consti-
« tution, sera plus décisive qu'une bataille. Si
« vous n'agissez pas ou que vous agissiez mal ;
« si vous perdez votre temps, le temps de la
« France, à prolonger la joute des partis, ces
« aveugles éclopés qui se battent au bord d'un
« précipice, vous aurez décrédité la cause de
« l'ordre et ses défenseurs ; vous aurez appelé,
« pour vous remplacer, une majorité de déma-
« gogues. »

« Si au contraire vous restez unis dans l'œu-
« vre réparatrice, comme vous l'avez été devant
« le danger ; si vous écartez les rancunes et les
« impatiences pour écouter le bon sens, l'intérêt
« public, le vrai patriotisme qui vous crient de
« vous dévouer exclusivement au bien du peu-
« ple; si les travaux utiles ne sont pas éclipsés
« par les digressions brillantes, alors la Législa-
« tive, se retirant entourée d'une popularité ir-
« résistible, verra l'assemblée de révision com-
« pléter sa pensée en réformant, d'après ses in-
« dications, l'œuvre incorrecte et malhabile
« des constituants de 1848. »

« De l'aveu et de l'espoir de tous, la consti-
« tution doit être tôt ou tard révisée ; rouges et
« blancs sont d'accord pour reconnaître qu'elle
« n'est pas née viable. Si vous voulez que cette
« révision se fasse dans le sens de l'ordre, et
« non de la révolution, sachez attendre son jour
« et son heure. D'ici au mois de novembre 1851,
« époque légale de la réunion d'une nouvelle
« Constituante, il n'y a que 25 mois. Ce mo-
« ment de répit que l'on vous demande au nom
« de la France incertaine et menacée, le refu-
« serez-vous impitoyablement ? Deux ans de
« paix, de concorde, d'efforts communs entre
« tous les bons citoyens pour combattre la li-
« gue des mauvais, est-ce donc trop ! »

« Mais nos espérances, allez-vous vous
« écrier, nos convictions, nos préjugés, nos

« griefs, nos craintes, nos promesses, que faire
« de tout cela pendant ce laps de temps ? Je
« vais vous le dire : vous en ferez, ou du moins
« vous vous efforcerez d'en faire un seul et
« unique sentiment de dévouement à la France,
« d'amour du peuple, et surtout de foi dans la
« liberté. Vous vous habituerez à vivre en com-
« munauté d'intérêts avec ceux que vous avez
« jadis combattus, et par suite, à faire passer,
« dans les petites choses comme dans les gran-
« des, l'esprit de justice avant l'esprit de parti.
« Vous briserez la double chaîne du servage ad-
« ministratif et universitaire ; vous ferez de
« bonnes lois pour relever la condition des clas-
« ses laborieuses, pour simplifier et moraliser
« la pratique du suffrage universel, pour jeter
« les fondements d'un système de crédit fon-
« cier, seul espoir de nos populations agrico-
« les, dévorées par l'usure et par l'impôt. Vous
« enseignerez au peuple, par votre exemple,
« à prendre au sérieux sa propre souveraineté,
« à se respecter lui-même dans son gouverne-
« ment et dans ses lois. Ce que vous ferez ! mais
« vous ferez de l'ordre et de la répression con-
« tre les entreprises de la démagogie ; vous ci-
« catriserez les plaies de la guerre civile ; vous
« prouverez, contre les sceptiques, qu'un gou-
« vernement fondé sur le suffrage universel ne
« peut pas être absolument mauvais, à moins
« que le peuple lui-même ne vaille rien ; contre
« les socialistes, que le progrès ne s'improvise
« pas, mais qu'il s'élabore, et contre les terro-

« ristes , que l'exécrable gouvernement de 93
« ne saurait être ni l'idéal ni la fatalité du sys-
« tème républicain. Voilà ce que vous ferez ,
« ce que vous devrez faire, si vous êtes réelle-
« ment à la hauteur de votre temps et de votre
« mission. »

« Tracer des lignes de démarcation entre
« les partis , c'est constater les points qui les
« divisent. Tant que la société se trouvera, com-
« me aujourd'hui, dans les conditions du com-
« bat, il paraîtra plus convenable de marquer
« les points de rapprochement que ceux de
« dissemblance. Quand toutes les bandes si di-
« visées du parti révolutionnaire font trêve à
« leurs vieilles haines, quand les factions elles-
« mêmes s'organisent et se disciplinent, le parti
« de l'ordre serait-il digne de son nom, s'il don-
« nait dans ses rangs, l'exemple de l'anarchie
« qu'il veut détruire dans l'état?

« Loin de rechercher dans le passé les causes
« qui ont pu armer les unes contre les autres les
« diverses fractions du parti conservateur; loin
« de sonder les cœurs pour savoir sous quelles
« couleurs l'espérance leur peint l'avenir ,
« mieux vaut, — croyez-en la conscience publi-
« que ! — mieux vaut mettre en lumière les in-
« térêts religieux et sociaux, qui nous sont com-
« muns et qui sont tous également menacés. »

« Avant cette question que les partis s'adres-
« sent : « Aurons-nous la république ou la mo-
« narchie ? » il y a celle-ci, plus grave et plus triste :
« Aurons-nous la société ou le socialisme ? »
« Qui peut résoudre cette question ? Ce n'est iso-
« lément aucun des partis qui nous divisent,
« puisque tous ont concouru par leurs fautes
« à la faire naître. Ce sera donc un nouveau
« parti que l'on appellera comme l'on voudra ,
« mais qui réunira dans son sein tous les débris
« vivants, honnêtes, intelligents , du monde
« politique qui croule depuis un demi siè-
« cle. »

« L'incertitude est le mal, le plus grand mal
« de la situation, cela est vrai. Mais d'où vient
« l'incertitude ? de ce qu'à tort ou à raison , la
« France croit n'avoir le choix qu'entre des
« partis également exclusifs, c'est-à-dire, éga-
« lement impossibles. Par tempérament, par
« bon sens , par instinct de conservation, la
« France est et ne peut être que *modérée*. Rien
« d'absolu, de radical, n'est possible, ni dans
« l'ordre social, ni dans l'ordre politique. Ne
« voyez-vous pas que chaque parti a tour à tour
« brisé son principe, en essayant de le faire en-
« trer de vive force dans notre société ? En une
« vie d'homme, la France a successivement
« émoussé, usé, repoussé le despotisme de la
« gloire, le despotisme de la tradition et le des-
« potisme des intérêts matériels. Il lui faut au-
« jourd'hui le règne paisible et sincère de la

« liberté, avec la décentralisation et l'enseigne-
« ment libre pour premiers ministres ! »

« La question du présent et de l'avenir est
« donc entre vos mains ; elle dépend tout en-
« tière de la confiance que vous saurez inspirer
« au pays, par le spectacle de votre union dé-
« sintéressée , et le caractère à la fois sage et
« hardi de vos délibérations. »

« Soldats de l'ordre, vous n'irez pas vous éga-
« rer dans les routes déjà parcourues et signalées
« par tant de défaites. Les journaux font de la
« politique au jour le jour, rêvée aujourd'hui,
« oubliée demain. Vous porterez, vous, devant
« nous et devant l'histoire, la responsabilité de
« l'ordre public rétabli ou perdu. Abandonnez
« donc toutes ces querelles rétrospectives, tou-
« tes ces polémiques irritantes et stériles ; n'ai-
« guisez pas l'arme à deux tranchants des ré-
« criminations ; ne demandez pas des repentirs
« humiliants, ou soyez les premiers à donner
« l'exemple des repentirs honorables ; ne fouil-
« lez pas le passé pour y découvrir les fautes
« des autres, cherchez-y les vôtres ! Qui de nous
« n'a à se frapper la poitrine? »

« Les partis au nom desquels vous agiteriez
« encore le pays , ont à tour de rôle possédé le
« pouvoir; aucun n'a su en légitimer complète-
« ment la possession par ses actes. Lequel a fait
« passer l'intérêt du peuple avant l'intérêt d'une

« classe haute ou moyenne de privilégiés? Le-
« quel a desserré les liens étouffants de la cen-
« tralisation? Lequel n'a pas refusé la liberté
« de l'enseignement? Lequel nous a permis de
« jouir des bienfaits de l'association? Lequel a
« laissé à l'Église la liberté dont elle a besoin
« pour sauver le monde? Lequel ne s'est pas
« servi avec plus ou moins de mesure, du mo-
« nopole électoral, comme d'un instrument de
« règne et de corruption? Ah! soyons modestes
« en parlant du passé; soyons indulgents pour
« des erreurs dont nous avons pris notre part,
« et contribuons tous ensemble à sauver cette
« société que nous avons tous contribué à per-
« dre! »

« Devant les absurdités et les vices de l'an-
« cien régime, nos pères n'hésitèrent pas à pro-
« clamer *les droits de l'homme*, sanglante cri-
« tique d'un état social où l'abus semblait avoir
« prescrit contre la justice! Devant les brutali-
« tés et les turbulences de l'esprit révolution-
« naire, proclamons résolument les droits du
« BON SENS. Le peuple est du parti du bon sens,
« surtout lorsque le cœur éclaire la raison et
« que les grands dévouements suivent de près
« les grandes pensées! »

VIII

Un représentant qui monterait à la tribune
pour dire en termes éloquents ce que je viens
d'écrire en paroles simples mais sincères, en
descendrait au milieu des applaudissements de
la France dont il aurait exprimé la pensée. Ce
représentant mériterait le titre glorieux, et peu
justifié jusqu'à ce jour, de Représentant du
peuple !

Avignon, 15 octobre 1849.

www.ingramcontent.com/pod-product-compliance
Lightning Source LLC
Chambersburg PA
CBHW071506030726
47593CB00003B/1184